PRÉCIS HISTORIQUE

DES TROUBLES SURVENUS

A LA GUADELOUPE,

Depuis l'arrivée des Commissaires du Roi à la Martinique.

A PARIS;

DE L'IMPRIMERIE NATIONALE.

1792.

ERRATA.

Page 15, lig. 32, *adopté ;* lisez : *a adopté.*

Page 23, *lisez ainsi les quatre dernières lignes du premier alinéa :* condamné, a sûrement été sacrifiée par elle, puisque, depuis le 18 juillet 1791, époque de son départ, on n'a point encore reçu de ses nouvelles.

Page 34, ligne 13, déshonnêtes ; *lisez :* déshonorantes.

Page 36, ligne 27, Le commissaires ; *lisez :* Les commissaires.

PRÉCIS HISTORIQUE

Des troubles survenus à la Guadeloupe depuis l'arrivée des commissaires du Roi à la Martinique.

———

UN premier tableau des événemens funestes, dont la Guadeloupe, et principalement la ville de la Basse-Terre, sont devenues le théâtre, a déjà mis dans le plus grand jour, les trames ourdies par les ennemis de la révolution, pour empêcher que le règne de la justice et des lois vînt s'établir en Amérique. Déjà l'on a vu les gouverneurs et les intendans se former une faction puissante, afin de se maintenir dans la jouissance d'une autorité absolue. On a vu les planteurs des Colonies (1), c'est-à-dire, les seigneurs féodaux du

———

(1) Ce nom de *Planteur* sera souvent répété dans ce récit, car il a été le premier signal des divisions dans les Colonies. Mais on déclare qu'en parlant des Planteurs, on ne désigne, relativement à la Guadeloupe, qu'un certain nombre d'individus pleins d'égoïsme, d'orgueil et d'ambition, la plupart sans propriétés et grevés de dettes, et qui, par le moyen de l'intrigue et de la cabale, sont parvenus à s'emparer des opinions dans l'assemblée coloniale. En général les habitans de la Guadeloupe, les seuls auxquels pourroit convenir la qualité de *Planteurs*, (si elle ne rappeloit pas des idées affligeantes) parce qu'ils ont des *plantations*, et qu'ils possèdent légitimement des propriétés foncières, sont des hommes sages, justes et paisibles, qui se-

A

nouveau monde , unis d'intérêts avec les agens du despotisme , conspirer hautement ensemble , pour tâcher de se rendre , sous ses auspices , les maîtres du commerce , et de faire une scission avec la Métropole , en ouvrant aux étrangers les ports de la Martinique. On a vu l'assemblée coloniale de la Guadeloupe, dirigée par la majorité de ses planteurs , déserter la ville de la BasseTerre , dont le civisme enchaînoit l'ambition et l'intrigue, pour se retirer à la Pointe-à-Pitre , où l'esprit public , moins électrisé , promettoit un cours plus libre à leurs sinistres machinations. Dès-lors la haine des contre-révolutionnaires éclata avec explosion contre les Colonies. Ainsi leur ruine , depuis long-temps méditée , devint un projet entièrement réalisé à St.-Pierre , lieu principal du commerce de la Métropole avec la Martinique. On se ressouviendra que cette malheureuse ville , obligée plusieurs fois d'appeler à son secours toutes les Isles du Vent , pour se soustraire aux coups redoutables de la force armée déployée contre elle , fut à la fin bloquée , et traitée en pays de conquête par cette perfide coalition. On sait encore que la ville de la Basse-Terre , également menacée de subir le même sort, n'a échappé au massacre qu'on lui préparoit , que par un hasard qui fit découvrir la conspiration , en donnant connoissance d'une lettre écrite au gouverneur de la Guadeloupe par celui de la Martinique, laquelle renfermoit la preuve évidente de leurs intentions hostiles , et d'une invasion concertée. On sait

---

missent des troubles dont ils sont victimes, et contre lesquels ils n'osent réclamer, par la crainte d'en susciter de plus grands, et d'éprouver des calamités encore plus terribles.

enfin que cette coalition sanguinaire a fait, pendant six mois de guerre civile, égorger tous les jours les malheureux patriotes françois à la Martinique.

Telle étoit la cruelle position des Isles du Vent, quand l'arrivée des troupes, envoyées de France, rappela la consolation et le courage dans le cœur des amis de la constitution. Mais cette lueur d'espérance ne brilla qu'un instant. A peine ces forces nationales furent-elles débarquées à la Martinique, sous les ordres de M. Béhague, que le gouverneur de la Guadeloupe s'y rendit, accompagné de quelques membres de l'assemblée coloniale. Bientôt les inquiétudes se réveillèrent plus que jamais, quand on fut instruit que le nouveau gouverneur-général tenoit des conférences avec les chefs des planteurs. Les effets ne tardèrent pas à justifier combien ces craintes étoient fondées. D'abord on ne désarme qu'un des deux partis, et ce parti est celui du patriotisme ; comme si la prudence et le desir sincère de rétablir le calme, n'eussent pas exigé un désarmement général.

Cependant ce premier acte d'une partialité si marquée, est suivi de dispositions qui en décèlent encore mieux le but perfide et criminel. En Amérique comme en France, le civisme du soldat devenu citoyen, a fort heureusement contrarié les odieuses trames des principaux agens du despotisme, en refusant d'être, comme autrefois, l'instrument aveugle et passif de leur orgueil et de leur ambition. Désespérant donc à la Martinique, de faire servir les troupes nouvellement arrivées, à l'oppression des patriotes, et redoutant peut-être qu'elles n'en prissent au contraire la défense, les chefs de la coalition ne craignirent point d'en

(4)

freindre les ordres reçus de la Métropole, et de rompre l'influence des forces nationales, en les éloignant de la colonie. Ainsi elles furent sur-le-champ rembarquées et dispersées en divers endroits. Alors la faction favorisée, se trouvant seule en force, affecta de lever une tête altière et menaçante, tandis que les amis de la constitution, placés sans défense sous le couteau de leurs ennemis, se virent livrés à toutes les vexations dont la haine et la tyrannie sont capables, et le départ des troupes destinées à étouffer les germes de la guerre civile en devint nécessairement le signal.

L'esprit public à la Basse-Terre étant un attachement inviolable à la constitution, dès que l'on fut informé dans cette ville de l'arrivée des commissaires du Roi à la Martinique, la municipalité s'empressa de nommer deux de ses membres pour les députer vers ces représentans de la nation. L'objet de cette mission étoit de hâter le moment de connoître les volontés de la mère patrie, et d'acquérir des lumières sur l'organisation des municipalités et sur les gardes nationales, afin de les renfermer dans les bornes de leur véritable institution. Mais la nouvelle s'étant répandue que les commissaires du Roi devoient au premier jour se rendre à la Guadeloupe, le départ des deux députés fut suspendu. Cependant le décret du 29 novembre 1790, envoyé officiellement par le gouverneur de la colonie à toutes les municipalités, fut publié et transcrit sur leurs registres.

Si la municipalité de la Basse-Terre n'a jamais pris que les principes de la constitution pour règle de sa conduite, l'assemblée coloniale, séante à la Pointe-à-Pitre, a constamment tenu une conduite opposée. Vainement lui étoit-il prescrit, par l'ar-

A 2

rivée des commissaires du Roi , de suspendre ses opérations jusqu'à ce qu'elle eût reçu les instructions nécessaires ; vainement étoit-elle devenue incompétente , par l'incomplet de ses membres , depuis que la coalition des planteurs en avoit éloigné les députations patriotes , ce qui frappoit de nullité toutes ses délibérations , c'est à cette époque qu'elle prend les arrêtés les plus alarmans sur le sort de la colonie , et pour la sûreté des citoyens. Elle fait plus encore , et soit inconséquence , soit témérité , cette assemblée ne rougit pas de s'intituler elle-même , dans ses propres arrêtés , *assemblée coloniale incompétente*. Enfin , pour mettre le sceau à tant d'irrégularités , M. Darot , commandant en second , sanctionne , en l'absence du gouverneur , des actes si illégaux.

Plus ces arrêtés sont informes et dangereux , moins la colonie consent à les reconnoître , et ce refus devient nécessairement la source de nouveaux troubles. Alors l'assemblée coloniale , dans l'espoir , sans doute , d'éluder la justice des commissaires du Roi , cherche à couvrir le vice de ses opérations , en tâchant d'atteindre à un nombre de membres qui la rende compétente. Elle rappela donc dans son sein les députés de diverses paroisses qui n'avoient pas voulu s'y rendre ; mais plusieurs rejetèrent cette insidieuse invitation , et de ce nombre furent les paroisses de la Basse-Terre , qui même s'étoient abstenues de faire choix de délégués pour les représenter dans une assemblée asservie par une faction prédominante , dans une assemblée toujours active au mépris de son incompétence ; en un mot , dans une assemblée que ni l'arrivée des commissaires du Roi, ni les instructions annoncées par le décret du 29 novembre 1790, n'avoient pu ramener dans les limites de la prudence et du devoir, par une suspension préalable de ses travaux.

La conduite des paroisses de la Basse-Terre se trouva, dans cette circonstance, parfaitement conforme aux intentions de l'Assemblée nationale ; car peu de temps après l'assemblée coloniale reçut une lettre écrite par les députés de la Colonie, membres de l'Assemblée constituante, du 30 janvier 1791, dans laquelle on lit l'improbation la plus formelle de la marche tenue par cette assemblée coloniale. Qu'on en juge par l'analyse suivante : « Les commissaires du Roi, disoient ces » députés, inclineront, pour le parti, *de sus-* » *pendre l'assemblée coloniale,* par la seule con- » sidération *qu'elle ne peut travailler d'une ma-* » *nière certaine jusqu'à l'arrivée des instructions* » *annoncées par l'Assemblée nationale.* Nous de- » sirons que vous préveniez cette mesure, en » prenant, sans différer....., une délibération » pour ajourner votre séance à cette même épo- » que. Vous ajouterez..... : *que la continuation de* » *vos séances cesse d'être nécessaire par l'arrivée* » *de MM. les commissaires.......* »

Quand le décret du 29 novembre 1790 n'avoit point déterminé l'assemblée coloniale à clore sa session, la recommandation de ces députés pouvoit-elle être plus respectée ? elle ne servit donc qu'à redoubler l'empressement de l'assemblée coloniale pour acquérir le nombre complet de ses membres, afin, sans doute, de consolider davantage son existence. Toute-puissante dans la colonie, elle parvint en effet à obtenir pour un moment cette compétence tant desirée ; aussi ne manqua-t-elle pas d'en profiter, en rendant un

arrêté , daté du 8 avril 1791 , qui confirme tout
ce qu'elle avoit fait pendant le cours de son incompétence , c'est-à-dire , depuis le premier fé-
vrier 1791 jusqu'au 28 mars suivant. Certes cette
pièce seule suffiroit pour attester quel étoit l'esprit
dominant d'une assemblée qui ne prétendoit se
conformer aux principes qu'en les enfreignant
plus que jamais. Comment imaginer que ce qui
est nul par son essence puisse recevoir une empreinte de validité ? Où est la loi, où est le décret
qui autorise à ratifier des arrêtés pris par une assemblée incompétente, par conséquent inconstitutionnelle et dénuée d'un titre légal pour régler
les droits du peuple ? On ne sera donc pas étonné
de voir bientôt cette même assemblée se livrer aux
excès les plus révoltans; on reconnoîtra l'exécution
suivie d'un plan formel de contre-révolution ,
quand on verra cette assemblée, quoique retombée
dans une incompétence absolue , non-seulement
se maintenir à la tête de l'administration publique,
mais frapper d'interdiction , de destruction même
des autorités constituées; mais lutter de pouvoir
avec les représentans envoyés par la nation, avec
les commissaires du roi , qui , croisés à chaque pas
par ceux-là même qui devoient appuyer de la force
publique les proclamations de la loi , se sont
trouvés revêtus d'un caractère sans effet , et chargés d'une mission impossible à remplir.

Dans ces circonstances, le gouverneur de la
Guadeloupe ne semble arriver de la Martinique ,
dont il a grand soin de cacher les projets perfides
que pour donner une sanction illégitime à cette
masse informe d'arrêtés qui furent aussitôt ré-
pandus dans la colonie, avec une célérité capable
seule de faire naître la défiance. A peine furent-ils

connus que le mécontentement et les murmures éclatèrent de toutes parts ; et depuis cette fatale époque la Guadeloupe n'a plus été qu'un foyer de cabales, d'intrigues, de persécutions, de vengeances et d'assassinats.

On a vu que la faction des planteurs, coalisée avec les officiers-généraux des isles du Vent, avoit commencé par disperser les troupes envoyées de France, afin de ne pas être entravée par l'obstacle de leur civisme ; mais comme il faut se rendre maître absolu de la force publique, quand on prétend s'emparer d'une autorité arbitraire ; le même parti avoit en outre chassé des régimens, résidans dans les colonies, tous les soldats d'un patriotisme connu ; de sorte que celui de la Guadeloupe avoit été réduit à cent cinquante fusiliers environ ; c'est alors que ce foible débris, conduit par le corps des officiers, s'étoit retranché dans le fort Saint-Charles, n'ayant plus de communication avec les citoyens, et tenant ce fort toujours prêt à foudroyer la Basse-Terre, comme une cité ennemie. De cette division entre le peuple et les militaires naît nécessairement une infinité d'insultes et de querelles sanglantes. Bientôt la vie des citoyens se trouve exposée à chaque pas, et il devient urgent de mettre un terme à une situation si alarmante.

Sans doute, le moyen le plus infaillible de ramener la tranquillité et la sûreté publique auroit été un changement de garnison. Cependant les paroisses de la Basse-Terre, s'étant assemblées pour prendre une délibération à cet égard, craignirent de trop compromettre le régiment de la Guadeloupe en demandant son renvoi ; elles se bornèrent donc à réclamer auprès des commissaires du roi la portion des nouvelles troupes venues de France, et qui, destinée pour la Guadeloupe, auroit si utilement servi de contrepoids aux malveillans. La réponse des commissaires fut: *Qu'un bataillon des troupes arrivées de France, ayant été envoyé à la Guadeloupe, sa répartition dans les différentes parties de l'isle, dépendoit du gouverneur-général, et non des commissaires du roi. C'est donc à lui, ajoutoient-ils, que les citoyens doivent adresser leur demande.*

Cette réponse n'étoit pas tranquillisante ; car on ne pouvoit présenter au gouverneur une semblable pétition qu'en la motivant, qu'en articulant des faits qui eussent été autant de griefs contre le régiment de la Guadeloupe. C'étoit par conséquent s'exposer à fomenter plus que jamais les troubles qu'il s'agissoit d'arrêter ; ainsi, la prudence prescrivit d'attendre un temps plus opportun pour faire cesser l'oppression, et de souffrir encore sans se plaindre, plutôt que de fournir un prétexte aux ennemis du bien public, de réaliser les scènes d'horreur qu'ils avoient déja projetées, et dont on avoit la preuve écrite ; elle étoit consignée, cette preuve, dans une lettre, datée de la Pointe-à-Pitre, adressée, par un membre de l'assemblée coloniale, à un de ses amis. Cette pièce n'est proprement qu'un plan de conspiration, tracé par un des conjurés. On ne peut donc mieux donner le fil de toute cette trame odieuse, qu'en transcrivant ici les principaux passages de cette lettre.

Ce membre de l'assemblée coloniale instruit son ami « que les grenadiers du Gros-Morne, et les » 117 hommes du régiment de la Sarre, sont con- » servés. *Tout le reste,* lui écrit-il, *est embar-*

» *qué, et déja parti.* Les soldats qui étoient à
» Saint-Pierre ont voulu composer, en menaçant
» de faire quelque résistance. *M. Béhague a or-*
» *donné à toutes les troupes qu'il conduit, et*
» *aux forces navales, de se préparer à attaquer*
» *Saint-Pierre ; et a juré d'employer les dernières*
» *voies de rigueur, si l'on ne se rendoit.* On s'est
» rendu, et de suite les troupes embarquées.....
» *On devoit porter ici deux bataillons ; M. de*
» *Clugny, à force de batailler, a obtenu que nous*
» *n'aurions que cinq cents hommes seulement.* Les
» grenadiers resteront à la Pointe, et le reste dis-
» persé dans les paroisses de la Grand'Terre. Il
» est question de n'en plus mettre ni à la Basse-
» Terre, ni à Sainte-Anne...... M. de Clugny est
» désigné pour être ministre..... Les paroisses de
» la Grand'Terre ont fait une sortie, les armes à
» la main, et ont dénoncé, d'une manière terrible,
» le sieur Dugommier. De suite l'assemblée arrête
» une adresse aux commissaires, pour demander
» son expulsion de la colonie. Trois députés ont
» été déja la porter au Fort-Royal. Tout va au
» charme ; tout passe à l'unanimité ; et je ne puis
» m'empêcher de laisser épancher la joie que je
» ressens *du sort heureux dont tous nos planteurs*
» *vont jouir..... Courage, courage, il ne faut plus*
» *que frapper le dernier coup, et notre sort est*
» *décidé* ».

Cependant, la patience des citoyens de la Basse-
Terre ne servit qu'à enhardir davantage ces ambitieux qui se félicitoient déja de ne plus avoir
qu'un dernier coup à frapper pour mettre sous
leurs pieds les patriotes, et la constitution. Chaque
jour fut marqué par de nouveaux excès de la
part de ce démembrement du régiment de la Gua-

deloupe. Enfin, le désordre étant porté à son comble, la municipalité, chargée de la police, et responsable des troubles publics, crut de son devoir de prévenir au plutôt les commissaires du Roi et le gouverneur de ce qui se passoit : mais cette démarche fut malheureusement inutile ; car M. de Clugny ne manqua pas d'approuver la conduite du régiment de la Guadeloupe ; et les commissaires du Roi, circonvenus à leur arrivée par les chefs de la coalition, avoient encore sur les yeux le bandeau de l'illusion et de l'erreur. Ils répondirent donc à la municipalité, que ses inquiétudes pouvoient être trop facilement conçues, qu'il étoit contre les principes de suspecter le zèle des officiers pour le maintien de la discipline militaire, et qu'au surplus chacun devoit se renfermer dans les bornes de ses fonctions.

Cette réponse seroit devenue désespérante, s'il n'étoit pas resté aux citoyens de la Basse-Terre quelqu'autre lueur de consolation. On savoit que les régimens des Colonies avoient été supprimés, et le bruit s'étoit répandu que les restes de celui de la Guadeloupe alloient enfin repasser en France. Mais plus son départ devoit être desiré par les tristes et nombreuses victimes de son oppression, plus les hommes, dont ce régiment servoit si bien les projets et le despotisme, intriguèrent pour empêcher son éloignement. On ne pouvoit y réussir qu'en trouvant un biais propre à paralyser l'effet de la suppression de toutes ces anciennes milices. Peut-être l'assemblée coloniale auroit-elle pu en choisir un plus spécieux, mais non pas qui tendît plus sûrement à doubler la puissance du gouverneur et de son parti. Elle arrêta de proposer à toutes les paroisses de l'isle la formation d'un corps de gendarmerie aux ordres absolus de M. de Clugny, et dans lequel devoient entrer les officiers et soldats du régiment de la Guadeloupe, dévoués aux projets de la faction des planteurs, ainsi que les gens de couleur libres, que cette faction avoit eu l'art d'égarer, et qu'elle appeloit avec affectation les enfans de la Colonie, et non pas de la mère patrie, qui venoit pourtant de leur accorder un état civil. Le but évident d'une pareille proposition étant d'asservir la Colonie au joug compressif d'un gouvernement purement stratocratique, le plan ostensible de contre-révolution fut aussitôt rejeté par la majorité des paroisses, et vivement improuvé par les commissaires du Roi, qui le qualifièrent eux-mêmes *d'innovation aussi impolitique que dangereuse.*

L'Assemblée coloniale se maintenant ainsi à la tête du gouvernement, malgré son incompétence presque continue, marchoit à grands pas vers l'indépendance, objet de son ambition. Toutes ses délibérations, tous ses arrêtés, tous ses mouvemens, devenoient autant de degrés franchis par son pouvoir illégal, ou par ses mesures machiavélistes : elle pouvoit même se flatter d'un succès d'autant plus certain, que sa coalition s'étoit prolongée au-delà des mers, et avoit atteint les députés de la colonie à l'Assemblée constituante ; on en trouve la preuve démontrée dans une réponse faite par ces députés à ceux de l'Assemblée coloniale ; réponse qui atteste en même temps et leur intelligence, et la politique certaine de la coalition. Il s'agissoit d'un règlement fait par l'Assemblée coloniale, dans l'intention d'éloigner de la colonie les François arrivant de la métropole, afin, sans doute, d'empêcher l'accroissement du nombre des patriotes. Car, n'étoit-ce pas interdire formellement l'accès de la Guadeloupe à tout passager français, que de compter pour rien ses passe-ports, et de l'astreindre à fournir le cautionnement d'un citoyen domicilié, porté à une somme de 16,000 liv. en propriétés foncières, sous peine d'être détenu et renvoyé ? Ce règlement défendoit en outre de pouvoir cautionner plus d'une seule personne, quelle que fût la fortune du répondant. Si ce règlement, ou plutôt si cette proscription des enfans de la mère patrie, eût été rendue publique en France, il y a lieu de croire que son esprit et son objet n'eussent échappé à qui que ce soit. Aussi les députés de la colonie à l'Assemblée nationale, se gardèrent-ils de le présenter à la ratification du corps constituant. « Nous » ne demanderons pas son approbation, écrivirent- » ils à l'Assemblée coloniale, sur votre règlement » du 18 novembre 1790, sanctionné par le gou- » verneur ; *nous nous sommes contentés d'en re-* » *mettre un exemplaire au comité colonial.* Il n'est » pas nécessaire que des loix du régime intérieur » des colonies, soient immédiatement suivies de » l'approbation de l'Assemblée nationale ; elles » doivent s'exécuter, tant qu'il ne survient pas » un décret de désapprobation. Nous avons agi » en cela de concert avec M. Barnave ». Mais étoit-il permis à ces députés de placer un pareil règlement dans la classe de ceux qui concernent uniquement le régime intérieur des colonies ? N'étoit-ce pas, au contraire, une loi particulière aux relations du dehors, une loi spécialement portée pour déterminer les rapports nécessaires des isles françaises avec la métropole ; une loi qui, mise en vigueur, rompoit pleinement tous les liens qui doivent unir la France et ses Colonies ? Enfin, quel sophisme, que de prétendre que de semblables loix puissent être provisoirement exécutées, jusqu'à ce qu'il survienne un décret de désapprobation ! Car, le moyen qu'elles soient jamais rejetées par l'Assemblée nationale, si jamais elles ne sont présentées à sa discussion, si jamais elles ne parviennent seulement à sa connoissance ?

Ce règlement ne laissoit plus de doute sur l'intention bien prononcée d'anéantir les villes de la colonie. L'intérêt des planteurs exigeoit leur destruction ; c'est à la faveur de ce moyen odieux que la cupidité de ces égoïstes espère de s'emparer exclusivement du commerce, dont ces villes sont devenues les intermédiaires et l'entrepôt. Le surplus des contre-révolutionnaires voit aussi dans leur ruine, la décomposition, et peut-être l'extinction des municipalités qui, établies où se trouve une plus grande réunion de patriotes, sont le dernier obstacle à renverser pour effacer entièrement toutes les empreintes de la Constitution.

Une seconde lettre écrite, de la Martinique le 15 mai 1791, par une personne prépondérante initiée dans tous les mystères, et que le hasard rendit publique, acheva de mettre dans le plus grand jour les développemens de ce système d'indépendance, que les faits n'avoient déjà que trop ouvertement indiqué. Cette lettre apprit que l'état affreux de convulsions dans lequel se trouvoient plongées toutes les colonies françaises, étoit le résultat funeste d'un plan profondément combiné entre les chefs militaires et les planteurs de ces mêmes colonies. On fut instruit que ces hommes qui, sans avoir la majorité du nombre, étoient

cependant parvenus, à force d'intrigues, de vio-
lences et d'oppression, à se rendre maîtres des
opinions dans les Assemblées coloniales, les condui-
soient toutes d'après leurs principes et leurs projets de contre-révolution. Il parut évident que,
déterminés à faire usage de toutes sortes de moyens,
ils employoient tantôt la force ouverte, et tantôt
le soulèvement des gens de couleur, libres et non
libres; d'abord pour exterminer les citoyens invio-
lablement attachés à la Constitution, au milieu
des horreurs de la guerre civile, et pour paroître
ensuite justifier aux yeux de l'Europe, par les
excès même des gens de couleur, instrumen
aveugles de leur conspiration, que les colonies
ne comportent pas le régime nouvellement établi
en France, comme le ministre l'a déjà annoncé
en leur nom à l'Assemblée nationale. Telles sont
les combinaisons politiques par lesquelles ces malveillans espèrent amener la métropole à cimenter
elle-même leur autorité illimitée, en consacrant
en Amérique le gouvernement absolu, qui servi-
roit, quand tous leurs coups seroient portés, à
faire désarmer et rentrer dans l'esclavage les misé-
rables jouets d'une ambition subtile et cruelle.
Mais c'est dans la lettre même dont on vient de
parler, qu'il faut étudier l'esprit et les intentions
perfides des chefs de ce plan destructeur.

Il y est dit que « *M. B. n'a pas jugé à propos*
» *de se tenir dans les mesures d'impartialité*
» *qu'il lui convenoit d'observer.* Il s'est lâché contre
» St.-Pierre, continue l'auteur de cette lettre, *et*
» *adopté ouvertement les sentimens des planteurs.*
» Il aura lieu de reconnoître son erreur, qui lui coû-
» tera peut-être bien cher dans la suite... *Les quatre*
» *Assemblées coloniales de la Martinique, de la*

» *Guadeloupe , de Sainte-Lucie et de Tabago ,*
» *sont coalisées ; elles ont un plan.* Il y aura une
» réunion de députés pour travailler de concert au
» projet de législation, applicable au régime des
» isles du Vent...... *M. D. est l'ame de ces*
» *opérations.* La conduite lui en sera déférée ;
» cela est certain , quoiqu'encore très-enveloppé.
» Mais il y a eu des confidences et des indiscré-
» tions qui ont donné lieu à bien des découvertes....
» Le centre des idées est à la Martinique ; on s'y
» croit assez éclairé pour n'avoir besoin ni des
» avis, ni des secours de personne...... Il dit
» ailleurs , comme parfaitement instruit des inten-
» tions des commissaires du roi : les officiers du
» régiment de la Martinique , ceux du régiment
» de la Guadeloupe , et ce qui reste de soldats
» de ce dernier régiment, repasseront en France
» avant la fin du mois. Ensuite , revenant au pro-
» jet de contre-révolution , il ajoute : je ne serois
» pas surpris qu'il y eût quelque dessein d'éta-
» blissement à la Capes-Terre , *et qu'on songeât*
» *à en faire un point de force et de réunion ,*
» *pour gêner la Basse-Terre , et assurer sa ruine ,*
» *qui est jurée comme celle de Saint-Pierre.* ....
» La doctrine du gros Morne se réduit au desir
» de dominer. On veut s'affranchir de tout ce qui
» peut mettre un frein aux volontés , aux inté-
» rêts , aux passions d'un certain nombre d'indi-
» vidus *qui seront dispensateurs des pouvoirs sou-*
» *verains.* On consent à garder un gouverneur ,
» pourvu qu'il se renferme dans la fonction auto-
» mate de sanctionner les décrets qui lui seront
» présentés. *Tout dépendra de l'Assemblée colo-*
» *niale.* Les places , les caisses , les fortunes,
» seront à sa disposition. *Les ports seront ouverts*

aux

(17)

» *aux étrangers dans les cas de besoin , qui ne*
» *manqueront pas de se renouveler fréquemment.*
» On n'entretiendra avec la mère-patrie que les
» relations qui conviendront. *Les bornes de la*
» *dépendance sur tous les points , seront déter-*
» *minées comme il sera jugé nécessaire.* On n'a
» pas hésité de dire que les troupes étoient non-
» seulement inutiles , mais même dangereuses ;
» que la force publique ne pouvoit être mieux que
» dans les mains des habitans et de leurs affran-
» chis. . . . . *Avec un pareil système , on doit s'at-*
» *tacher à la ruine des municipalités.* . . . . . Je
» vois ce pays-ci livré pour long-temps aux troubles,
» et menacé d'un bouleversement général : le mal
» n'est que trop assuré. . . . . . *L'Assemblée colo-*
» *niale de la Guadeloupe prend un vol très-haut.*
» Elle tranche sur tout ; chaque jour est marqué
» par de nouvelles entreprises , etc. ».

L'orage, annoncé par cette lettre , ne tarda pas
à éclater sur la Basse-Terre. Depuis quelques jours
les bruits les plus alarmans pour la sûreté publique , se répandoient dans cette ville. On parloit
d'enlever plusieurs citoyens connus pour les plus
attachés aux principes de la constitution : projet
semblable à celui déja exécuté dans la ville de
Saint-Pierre à la Martinique. Des mouvemens
occasionnés par des hommes armés qui affichoient
l'insubordination et la licence , paroissoient les
avant-coureurs de quelque scène désastreuse. Enfin l'heure fatale de cette catastrophe arriva. La
frégate *la Calypso,* commandée par M. Malvault ,
vint mouiller à la Basse-Terre. D'abord on vit
quelques gens de l'équipage se répandre dans les
rues , paroissant ivres , et disposés à chercher
querelle aux habitans ; mais la surveillance de la

Précis hist. des troubles de la Guadeloupe. B

police arrêta l'effet de ces premières tentatives : alors les malveillans mirent en jeu tous les instrumens de leur perfidie. Le 11 juillet, sur les six heures du soir, les rues et les promenades publiques se trouvèrent inondées d'étrangers, et de la plus grande partie de l'équipage de *la Calypso*. Le tumulte se manifeste tout-à-coup avec explosion. On entend crier de toutes parts : Aux armes! aux armes! Les citoyens se rassemblent. M. Malvault et M. Fontémoin menacent la ville de l'arrière-ban. Des officiers municipaux accourent. Ils parlent au nom de la loi, au commandant de la frégate, en l'invitant à faire rembarquer promptement son équipage. M. Malvault s'y refuse, en disant qu'il n'a point de loi à recevoir de la municipalité, et qu'elle est inconstitutionnelle ainsi que la garde nationale. En vain lui observe-t-on qu'on ne prétendoit point lui prescrire de loi, mais que la réquisition qui lui étoit faite avoit pour objet le retour nécessaire de la paix et de la tranquillité publique. Pour toute réponse, cet officier commande à des matelots d'aller à bord pour faire charger les canons, et pour foudroyer la ville au premier ordre qu'il en donneroit.

Ainsi, la ruine de cette malheureuse cité auroit pu être consommée ce jour-là même, si le maire, suivi de la garde nationale, n'eût bientôt, par une contenance ferme et imposante, déterminé la dispersion et le rembarquement de cet équipage égaré ; et si un négociant, touché des sollicitations pressantes et civiques d'un des officiers municipaux, ne fût parvenu à entraîner et à réunir dans une maison M. Malvault et les autres chefs de cette conspiration. La municipalité profita de ce moment ; et par des invitations aux bons citoyens de rentrer dans leurs asyles, et par des patrouilles nombreuses qui en imposèrent aux malveillans, elle réussit peu-à-peu à dissiper les rassemblemens et à ramener le calme, qu'une catastrophe si terrible eût sans doute troublé pour long-temps, sans la prudence, la fermeté, le sang-froid et l'activité de cette municipalité.

Cependant, afin que les preuves essentielles d'un événement qu'il importoit de mettre dans le plus grand jour, ne pussent pas dépérir, dès le lendemain la municipalité procéda à une instruction qu'elle fit passer aussitôt aux commissaires du Roi, en leur dénonçant cet attentat contre la sûreté publique. La même dénonciation fut également portée au pouvoir judiciaire, qui a néanmoins négligé de s'occuper de ce délit jusqu'au moment où les commissaires du Roi ont requis le tribunal qui en étoit saisi, de poursuivre les personnes dénoncées, et de leur faire leur procès.

On ne put que ressentir une extrême satisfaction en voyant, le lendemain de ce jour si funeste, appareiller la frégate *la Calypso*, et s'éloigner d'une ville, que son équipage venoit de plonger dans la terreur et dans la consternation. La municipalité dépêcha un courier au gouverneur de la Colonie, pour l'informer des troubles qui avoient eu lieu. Ayant ensuite arrêté qu'il seroit requis de prendre toutes les mesures nécessaires afin de prévenir les malheurs dont la ville de la Basse-Terre paroissoit particulièrement menacée, deux commissaires, membres de cette municipalité, furent chargés par elle de la notification officielle de cet arrêté.

Ces commissaires rencontrèrent M. de Clugny

sur la route de la Basse-Terre. Il leur annonça qu'il seroit sous peu de jours dans cette ville, et ajouta qu'on avoit eu tort de considérer l'affaire de M. Malvault sous un point-de-vue si grave et si important; qu'on se faisoit des fantômes de rien; que cet officier s'étant trouvé sans mission essentielle à la Pointe-à-Pitre, lui avoit demandé la permission de mener promener à la Dominique, dans sa frégate, une dame qui ne vouloit pas repasser en France sans voir cette isle anglaise; qu'on étoit parti de là pour faire courir le bruit que *la Calypso* étoit allée à la Dominique pour enlever M. Dugomier, qui y avoit été chercher un embarquement pour Europe; et qu'enfin M. Malvault, n'ayant rien à faire, lui avoit demandé la permission d'aller passer quelques jours à la Basse-Terre pour y régler quelques intérêts particuliers : ce qu'il lui avoit accordé.

Malheureusement pour M. de Clugny, il se trouve démenti par M. Malvault lui-même; car dans une dénonciation à l'assemblée coloniale, celui-ci convient que son arrivée à la Basse-Terre étoit concertée avec celle du gouverneur, et qu'il étoit entré dans leur plan de l'y précéder de quelques jours.

En effet, de nouveaux événemens encore plus terribles démontrèrent bientôt que l'alarme donnée par M. Malvault étoit le prélude des hostilités. Ainsi, la tranquillité qui regna momentanément après son départ, fut semblable à ce calme sinistre qui précède quelquefois les tempêtes. Les premiers troubles furent suscités par le régiment de la Guadeloupe. On se rappellera qu'aussitôt sa réduction il s'étoit retranché dans le fort St.-Charles pour s'y tenir comme dans une place assiégée. Tout-à-coup on l'en voit sortir, et se répandre tumultueusement dans la ville. Plusieurs sous-officiers, armés de sabres et bâtons, s'emparent des promenades, y prennent un air menaçant, provoquent les citoyens, et particulièrement ceux qui sont dans la garde nationale. Au milieu des rues il se forme des grouppes de gens armés de bâtons, et tenant les discours les plus séditieux. Tout annonce le dernier développement de la conspiration tramée contre la Basse-Terre, et tout fait craindre sa prochaine destruction.

C'est au moment de ces plus violentes convulsions, qu'un soir M. de Clugny arrive dans cette ville, et y fait, par le fort, une entrée aussi extraordinaire qu'effrayante. Il est accompagné d'un cortège nombreux de colons, de gens de couleur, de militaires, et d'hommes à cheval qui mettent le sabre à la main. Enfin, sa marche est annoncée par mille cris de *vive Clugny, vive l'Aristocratie*.

La journée du lendemain répondit parfaitement à cet appareil manifeste de contré-révolution ; *la Calypso* reparoît à midi, mais elle est soutenue de *la Didon*, et ces deux frégates viennent jeter l'ancre fort près de terre. Bientôt le bruit se répand dans tous les quartiers que la Basse-Terre touche enfin au moment de subir le même sort que la ville de Saint-Pierre à la Martinique. Ces préliminaires terribles en sont les indices certains, et cette affreuse nouvelle est confirmée par quelques-uns même des conjurés, qui, cédant à un sentiment d'humanité envers leurs parens, les invitent, les pressent de s'éloigner au plutôt d'une ville dont la ruine étoit jurée, leur assurant qu'ils devoient commander une multitude de gens de

couleur, armés et prêts à marcher contre la Basse-
Terre au premier ordre qu'ils en recevroient. Ce
qui acheva de semer partout l'effroi et la consternation, ce fut de voir la ville se remplir, dans un
instant, de militaires de terre et de mer, d'étrangers, de personnes déguisées, tous armés, tous
annonçant par leur air sombre et farouche les
résolutions les plus sinistres. Ils ne tardèrent pas
à se livrer aux voies de fait les plus criminelles.
Ils injurient, insultent, maltraitent tous ceux
qu'ils rencontrent. Le paisible citoyen est forcé
de se renfermer dans sa maison, sans avoir encore la certitude qu'elle sera un refuge inviolable
contre une persécution si active. Plusieurs prennent la fuite, la regardant comme l'unique moyen
de salut qui pût leur rester.

La nuit seule apporta quelque trève à tant de
cruelles vexations ; mais le jour suivant pouvoit
y mettre le comble. La municipalité, qui n'avoit
que les ressources de la prudence à opposer à la
force ouverte, s'empressa de dévancer le renou-
vellement des troubles pour lier des conférences
avec le gouverneur. M. le maire se transporte
chez lui, et apprend que la garde nationale de la
ville est regardée d'un mauvais œil. En conséquence, M. de Clugny fait prévenir la municipalité qu'elle doit en faire le sacrifice, si elle veut
obtenir le retour de la paix.

Cependant, pourquoi et à qui cette garde nationale pouvoit-elle causer de l'ombrage ? Si dans
ce moment on se bornoit à demander son extinction, ne seroit-ce pas parce qu'elle se trouvoit être
le principal appui de la Constitution, et qu'elle
devenoit, pour les contre-révolutionnaires, le
premier obstacle à renverser. Néanmoins, comme

il s'agissoit de racheter le salut de la Basse-Terre ,
et la vie de ses concitoyens , par cette capitula-
tion la municipalité et la garde nationale elle-
même consentirent à la suspension provisoire
des fonctions militaires de cette garde.

Mais si ce licenciement , arbitraire et inconsti-
tutionnel , épargna à la Basse-Terre les horreurs
d'un siège et d'une ville prise d'assaut, la paix des
citoyens ne devoit pourtant pas en être le prix. On
ne leur avoit enlevé leur principal soutien que pour
enchaîner le patriotisme , en laissant sans force
quiconque pouvoit en être animé. C'est dans le
même esprit qu'on avoit renvoyé en France une
compagnie de canonniers , qui n'avoit eu d'autre
tort à la Basse-Terre , que de montrer un entier
dévouement pour la Constitution , et qui , embar-
quée par la plus atroce vengeance sur un bâtiment
condamné , ont sûrement été sacrifiés par elle ;
puisque , depuis le 18 juillet 1791 , époque de leur
départ , on n'a point encore reçu de leurs nouvelles.

A peine la garde nationale de la Basse-Terre fut-
elle désarmée , que les gens attachés au gouverneur n'affichèrent que plus d'arrogance. A chaque
pas les citoyens en reçoivent les humiliations les
plus sensibles pour l'homme honnête. Ces oppres-
seurs impudens ne respectent même pas la maison
commune ; ils s'y rendent en foule sous un vain
prétexte , pour y tenir la conduite la plus scanda-
leuse , pour y insulter les magistrats du peuple ,
espérant sans doute de les déprimer dans l'opi-
nion , en les accablant d'outrages impunément.

Enfin , après avoir fait essuyer à la Basse-Terre
tout ce que le despotisme peut se permettre de
plus odieux et de plus révoltant , lo gouverneur

part de cette ville infortunée pour se rendre à la Grande-Terre. Tous ses agens le suivent, et les deux frégates *la Calypso* et *la Didon* lèvent l'ancre, et disparoissent avec lui. Cependant ce départ n'offre même pas aux citoyens l'espoir de toucher au terme de leurs souffrances. Comment compter sur le retour de la tranquillité publique, lorsqu'ayant été désarmés, ils voyoient encore les débris du régiment de la Guadeloupe retranchés constamment dans le Fort Saint-Charles, lorsqu'ils sayoient qu'il existoit dans la ville plusieurs personnes à qui l'on avoit communiqué les idées les plus incendiaires, et dont les passions étoient même allumées par l'attrait des récompenses ? Car pendant les crises du séjour de M. de Clugny à la Basse-Terre, la violence fut portée à de tels excès, que les membres de la municipalité regardèrent comme le parti le plus sage de ne plus tenir leurs séances, et que le bureau conserva seul l'activité du service ; car c'est restreindre les moyens de nuire, que d'enlever aux malveillans jusqu'au prétexte de se livrer aux derniers transports de la fureur.

Telle étoit la situation où se trouvoit la ville de la Basse-Terre, quand on y reçut la nouvelle du décret du 15 mai. La municipalité, si pénétrée des principes de la Constitution, apprit avec joie et attendrissement la justice que l'Assemblée nationale venoit de rendre aux gens de couleur libres. Mais, après avoir constamment réglé sa marche suivant les plus sages mesures, c'étoit sûrement dans cette occasion importante qu'elle devoit, plus que jamais, se renfermer dans ses principes. Plus ce décret, changeant tout-à-coup la face des choses en Amérique, devoit produire une grande révolution, plus la municipalité de la Basse-

Terre regarda comme une mesure indispensable de préparer les esprits , en répandant les lumières , et en prêchant la modération , afin d'affoiblir , par ces précautions préparatoires , la force de cette nouvelle commotion. Mais cette résolution prudente fut contrariée et envenimée par les ennemis de la chose publique ; ils en tirèrent parti pour provoquer aussitôt un soulèvement parmi les gens de couleur , en leur persuadant qu'ils devoient cette loi bienfaisante aux planteurs , qui seuls l'avoient sollicitée , quand les villes prétendoient les en priver. Ainsi, la sagesse devint un crime aux yeux de l'ignorance crédule ; et l'astuce des contre-révolutionnaires , en armant les gens de couleur , en les poussant à la révolte , sembla vouloir confirmer ce que le ministère avoit avancé dans l'Assemblée nationale , en prétendant que la nouvelle Constitution française ne convenoit nullement aux colonies. C'est par le jeu de ces manœuvres perfides , que l'ambition des malveillans est parvenue à rendre l'Amérique un théâtre affreux de désordres , de séditions et de dévastations, afin de faire renaître le despotisme des excès même de l'anarchie.

Un assassinat commis par les sous-officiers du régiment de la Guadeloupe vint redoubler les inquiétudes , et réveiller la frayeur. Le 3 août , sur les six heures du soir , on voit un grand nombre de ces sous-officiers sortir précipitamment du Fort Saint-Charles , et se répandre dans la ville. Ils sont tous armés ou de sabres ou de bâtons ; ils paroissent avoir la rage dans le cœur , et semblent chercher quelqu'un , dont on leur entend prononcer le nom. Quinze de ces furieux , conduits par un officier , s'introduisent enfin dans une maison , où ils rencontrent un citoyen nommé M. Parent. Transportés de fureur, ils veulent l'arracher de cet asyle. Dans cette cruelle extrémité, ce malheureux saute par une fenêtre pour sauver sa vie; mais en tombant il se casse une jambe, et les monstres qui le poursuivent, l'ayant rejoint, et trouvé étendu par terre, baignant dans son sang, eurent la barbarie de l'assommer à coups de plat de sabre, tellement qu'il est mort peu de jours après. Qui se douteroit que la cause de ce meurtre abominable fut un simple mot, prêtant à l'équivoque, prononcé dans cette maison par des convives, et entendu dans la rue par le lieutenant-colonel du régiment de la Guadeloupe, qui eut le mauvais esprit de s'en faire l'application ? Qui croiroit que l'auteur de ce propos innocent a pourtant été puni des arrêts, pour désarmer, par cette satisfaction, le ressentiment de cet officier ?

La municipalité, instruite du crime qui s'étoit commis, se transporte aussitôt sur les lieux. Elle dresse procès-verbal, entend des témoins, et dénonce cet attentat au pouvoir judiciaire, qui, cependant, n'a encore fait aucune poursuite contre les accusés. Cette négligence des tribunaux devenoit aussi coupable que dangereuse ; mais on ne s'en étonnera pas quand on saura que ces tribunaux étant toujours ceux de l'ancien régime, ils avoient un intérêt particulier de tolérer le crime, afin de propager les désordres, et de repousser ainsi une constitution qui n'admettant d'autre droit que le mérite, doit enfin expulser des hommes élevés par la protection, pour mettre à leur place des magistrats choisis par le peuple, et vraiment dignes de sa confiance. Cependant, plus la paralysie des tribunaux compromettoit la sûreté publique, plus la municipalité de la Basse-Terre se crut obligée d'y pourvoir par des mesures de circonstance. De nombreuses dépositions avoient annoncé que plusieurs autres citoyens paroissoient être aussi en bute à l'animosité et à la vengeance des sous-officiers du régiment de la Guadeloupe, et que leur vie étoit en danger. Le conseil municipal, pour prévenir de nouveaux malheurs, ne pensa pas pouvoir agir plus prudemment qu'en prenant un arrêté pour prier M. Bonier, commandant des troupes de ligne, d'interdire toute descente et promenade dans la ville à tous les sous-officiers et soldats du régiment de la Guadeloupe, déclarant à ce commandant qu'on le rendoit responsable, en son propre nom, des excès qui pourroient être commis par les individus de ce régiment, jusqu'à ce que les commissaires du Roi, après avoir été instruits des événemens, en eussent autrement ordonné.

Mais cette précaution si sage devint superflue par le mépris et l'infraction de cet arrêté. Trois jours après l'assassinat dont on vient de rendre compte, les mêmes sous-officiers du régiment de la Guadeloupe en commirent un second. Deux d'entr'eux se présentent vers les sept heures du soir chez M. Négré, marchand ; ils lui demandent du rhum : ce particulier, se défiant d'eux, leur en refuse ; aussitôt ils entrent en fureur, brisent d'un coup de bâton un globe de verre qui éclairoit sa boutique, ensuite ils tombent à coups de sabre sur M. Négré lui-même, le frappent, et le blessent. Ils l'auroient massacré, si ce citoyen ne se fut échappé dans un salle, où trouvant deux pistolets, il s'en saisit, et les tire sur ses assassins, mais il les manque ; les lâches cependant pren-

nent la fuite , et, avec plus de lâcheté encore , ils
courent rendre plainte contre M. Négré , qui n'a-
voit fait qu'opposer la résistance à l'oppression
et au meurtre entrepris par deux agresseurs contre
un seul homme assailli dans sa propre maison.
Néanmoins le tribunal rejette la dénonciation de
ce forfait , qui lui est faite par la municipalité
d'après des procès-verbaux qui constatent le corps
du délit, pour accueillir, de préférence, la plainte
rendue par les assassins. Ce tribunal, entraîné par
des vues d'oppression et d'injustice , a mis une
telle partialité dans cette affaire , que toutes les
formes ont été violées, et que sur l'appel du décret lancé contre M. Négré , cette procédure a été
annullée par le conseil souverain , et le jugement
du procès renvoyé au même tribunal, devant d'autres officiers ; mais tous les juges se sont enten-
dus pour se déporter, et le malheureux Négré ne
peut obtenir ni justice , ni réparation.

La municipalité se voyant trahie par ceux-là
mêmes qui devoient à sa requisition lui donner
les secours ordonnés par la loi ; ayant à craindre
que chaque jour fût marqué désormais par quelque massacre , prend enfin le dernier parti qui
lui reste pour rompre cette chaîne de calamités
qui désoloient sans relâche la ville de la Basse-
Terre. Elle se détermine à rendre compte au
plutôt de tous ces tristes événemens aux commissaires du Roi ; implorant à-la-fois , et leurs conseils et leurs secours , pour détourner les coups
funestes qui menacent d'exterminer cette ville dé-
sespérée.

Il fallut, pour mieux instruire ces commissaires
des faits , les extraire des procès-verbaux de la
municipalité ; et l'on intitula cette pièce : *faits*

consignés dans les archives de la municipalité de la Basse-Terre-Guadeloupe, relativement à la conduite des officiers et sous-officiers du régiment de la Guadeloupe, envers les citoyens de la même ville. A cette pièce fut jointe une lettre, portant en substance : « que si le changement de
» garnison de ce régiment avoit eu lieu dans le
» temps que les paroisses avoient demandé de
» nouvelles troupes, les malheurs actuels ne se-
» roient point arrivés ; que c'étoit une maxime
» certaine, que quand une ville réclamoit le
» changement de la garnison, cette pétition devoit
» être accueillie sur-le-champ et sans examen ;
» car en attendant, ou en vérifiant, ces retards
» pourroient être suivis des mêmes désordres que
» ceux qu'on auroit voulu prévenir et empêcher
» par le changement de garnison ». Un membre de la municipalité fut chargé de porter ces paquets aux commissaires du Roi : et la situation de la Basse-Terre étoit devenue si alarmante, qu'on expédia un bâtiment exprès pour cette mission.

Dans cet état violent, la réponse de ces commissaires parut un peu tardive ; mais elle dédommagea bien de sa lenteur. La municipalité reçut trois lettres en même-temps. On lit dans la première : « M. Malvault ne nous a point fait part
» du mouvement survenu le 11 juillet à la Basse-
» Terre, et M. de Clugny, mal instruit sans
» sans doute, ne nous en a parlé que comme
» d'un objet peu digne d'attention, et qu'il con-
» venoit de laisser dans l'oubli. Les pièces,
» jointes à votre lettre du 19, nous les présentent
» sous un aspect bien différent ; et nous avons
» frémi des suites qu'il pouvoit avoir, s'il n'a-

» voit été heureusement prévenu. En louant la
» conduite que la municipalité a tenue, ainsi que
» les arrêtés qu'elle a pris, nous pensons qu'il
» est indispensable que les auteurs du trouble
» soient recherchés et punis ; et nous allons en
» conséquence exciter la vigilance des tribunaux.
» Ce n'est que par l'exécution rigoureuse de la
» loi, qu'on peut en imposer aux esprits inquiets
» et turbulens ». Dans leur seconde lettre, les
commissaires du Roi donnent à la municipalité
les conseils qu'elle leur avoit demandés ; et *ils
approuvent* la conduite qu'elle a tenue au sujet
de la garde nationale. Enfin, par la troisième
lettre, répondant à ce qui concerne l'extrait des
procès - verbaux, dont ils accusent la réception,
voici comment les commissaires du Roi s'expri-
ment : « Les faits qui se trouvent consignés, nous
» ont profondément affligés, autant par l'esprit de
» parti qu'ils manifestent, que par les suites qu'ils
» peuvent avoir. Quoique les circonstances ren-
» dissent peut-être notre présence utile dans cette
» colonie, nous nous sommes détrminés à nous
» rendre à la Guadeloupe ; et nous partirons à la
» fin de la semaine prochaine. Cette détermina-
» tion nous dispense d'entrer ici avec vous dans
» des détails qui exigeroient du temps. Il nous
» paroît plus convenable que vous soyez prompte-
» ment instruits du voyage que nous avons ar-
» rêté. Les mesures pour rétablir l'ordre et la
» tranquillité à la Basse-Terse seront plus sûre-
» ment prises sur les lieux. En atttendant, Mes-
» sieurs, nous vous recommandons avec la plus
» vive instance de persévérer dans les voies de
» la prudence et de la modération, qui ont eu
» jusqu'à présent de si heureux succès. Votre

» influence, nous l'espérons, ne sera pas moins
» efficace sur l'esprit de vos concitoyens, lorsque
» vous les assurerez de notre empressement et de
» nos efforts pour rendre à la ville le calme dont
» elle a besoin. Bien convaincus de la protection de
» la loi, ils se reposeront sans doute sur elle, et
» ne se lasseront pas d'une patience dont vous
» leur donnez l'exemple, et dont la nécessité
» touche à son terme ».

Ces lettres font à-la fois la joie des bons citoyens
et le désespoir des ennemis publics. Ceux-ci, ef-
frayés d'une sévère et prochaine scrutation de
leur conduite, ne furent plus occupés que des
moyens de se soustraire au glaive vengeur des
loix, en acquérant l'impunité. Déja l'on a vu
que, pour se rendre les maîtres absolus de la colonie, ils avoient imaginé la création d'une force
armée, uniquement soumise aux ordres des chefs
de leur coalition. C'étoit le moment, plus que
jamais, de revenir à ce même projet; mais, pour
en mieux assurer le succès, ils eurent l'art de
lui prêter une dénomination différente. Ce fut
sous le titre imposant *de fédération*, que ces hommes ambitieux et pervers conçurent l'idée de présenter de nouveau à toutes les paroisses de la
Guadeloupe un plan qu'elles avoient déja rejeté.
Cependant cette fédération, d'abord partielle, ne
ressembloit rien moins qu'à celle du 14 juillet.
C'étoit une association, une ligue inconstitutionnelle avec le gouverneur de la colonie, dont
les statuts, rendant les fédérés juges de l'honneur
et de l'état civil de tous les citoyens, devenoient
une proscription formelle contre les patriotes.

Sans perdre de temps, la tourbe des coalisés
se réunit donc pour faire une pétition à la mu-

nicipalité de la Basse-Terre , tendante à demander
une assemblée générale des citoyens , afin de leur
proposer une fédération , semblable , disent les
pétitionnaires , à celle faite dans la paroisse Ste.-
Anne ; fédération qui n'a été qu'un pacte d'indépendance entre les assemblées coloniales , les
gouverneurs , les planteurs , et la force armée
qu'ils ont créée pour devenir l'instrument coèr-
citif de leur ambition et de leur despotisme. Mais
la municipalité , responsable des événemens , et
qui d'ailleurs ne put se tromper sur le véritable
objet de cette pétition , crut qu'il étoit de sa sagesse de décider qu'elle attendroit l'arrivée des
commissaires du Roi , pour délibérer sur cette
adresse , si mieux n'aimoient les pétitionnaires se
pourvoir devant l'assemblée coloniale.

Plus il importoit aux malveillans de pouvoir
exécuter leur perfide dessein , moins ils respec-
tèrent l'arrêté de la municipalité , et même les
décrets de l'Assemblée nationale. Toute inconstitutionnelle qu'étoit cette fédération , elle n'en
fut pas moins formée dès le lendemain , et l'arrêté de la municipalité , calomnieusement inter-
prêté par les intrigans , leur servit de prétexte
pour la noircir de plus en plus dans l'esprit des
gens de couleur , en cherchant à leur persuader
que cette municipalité n'avoit eu d'autre intention
que celle de les éloigner de toutes les assemblées
de citoyens. Les fédérés firent plus encore , car
ils prétendirent devoir s'assembler à un délai plus
bref que celui fixé par la loi, et indiqué par un
arrêté du conseil de la commune, pour nommer
les nouveaux députés à l'assemblée coloniale,
afin , sans doute, d'y envoyer plus sûrement des
membres de leur association. Ils ne craignirent

pas

pas de présenter une autre pétition à cet effet à la municipalité, mais le même conseil maintint l'exécution des décrets en renvoyant les pétitionnaires à s'assembler avec la masse entière des citoyens actifs.

Enfin, les commissaires du roi arrivent à la Basseterre, où ils sont reçus par la municipalité, et par les citoyens sincèrement attachés à la Constitution, avec toute la satisfaction, toute la dignité due aux représentans de la mère patrie. Leur présence servit utilement à en imposer aux contre-révolutionnaires, qui, pour la rendre inutile, s'étoient, dit-on, préparés à frapper ce jour-là même les derniers coups sur cette ville, dont ils avoient médité la destruction. L'activité et la prévoyance de la municipalité achevèrent d'assurer la tranquillité publique.

Mais elle ne tarda pas à être punie d'avoir appelé dans son sein ces commissaires, qu'on avoit abusés trop long-temps. Pouvoit-on pardonner à cette municipalité d'avoir déchiré le voile de l'erreur, en leur faisant connoître le véritable état des choses, et les vrais auteurs de tant de désordres, de crimes et de forfaitures contre la Constitution ? Les commissaires du roi, en prenant connoissance et des faits et des personnes, ne purent s'empêcher de frémir de la situation où se trouvoit cette colonie, d'autant mieux qu'ils sentoient déjà que, n'ayant plus qu'un caractère affoibli à opposer à la force, il leur seroit difficile de réparer le mal, et de prévenir de nouveaux désastres.

Ce qui servit à confirmer leurs craintes, ce fut de voir, à la même époque, l'Assemblée coloniale faire notifier officiellement à la municipalité de la Basseterre un arrêté pris sur une pétition des

Précis hist. des troubles de la Guadeloupe. C

fédérés , dans lequel il est dit , *qu'après avoir considéré combien cette municipalité , qu'elle n'a* pourtant point entendue , *est coupable , l'Assemblée coloniale approuve formellement la fédéraration particulière de la Basseterre , et mande en outre à sa barre le maire et deux officiers municipaux , pour rendre compte de la conduite du corps administratif dont ils sont membres.*

Ces trois fonctionnaires publics obéissent. Rendus à la Pointe-à-Pitre , siége de l'Assemblée coloniale, on les oblige de comparoître à la barre à midi, pendant environ quinze jours de suite ; et là , ils subissent des interrogations aussi deshonnêtes pour ceux qui les font , qu'insultantes et même révoltantes pour les magistrats du peuple à qui elles sont faites. On reproche , entre autres choses , à la municipalité , *d'avoir négligé une plainte au sujet d'un petit chien ,* le jour même où elle s'occupoit d'écarter les dangers dont la ville de la Basseterre étoit menacée par la frégate *la Calypso.* Toutes les autres inculpations sont à-peu-près aussi futiles , et montrent l'Assemblée coloniale non moins coupable d'une partialité marquée , que du dessein formé d'avilir publiquement les pouvoirs constitués.

Ce fut aussi à la même époque que quatre fédérés se présentèrent à la maison commune de la Basse-Terre , pour demander à faire des recherches dans les archives. Parlant au nom d'une association illégale , leur demande fut rejetée : mais ce qu'on leur refusa à titre de fédérés , on le leur offrit en qualité de citoyens actifs. Cependant , quelle dut être la surprise de l'officier municipal de service , quand ces quatre fédérés , en commençant leur compulsoire , lui montrèrent une copie de l'extrait des procès-verbaux envoyés aux commissaires du roi !

Il faut savoir que du nombre des quatre personnes qui venoient réclamer cette vérification, il y en avoit deux qui se trouvoient inculpées dans les procès-verbaux de la municipalité, dont un portoit notamment, « que leurs opinions et » leurs démarches avoient toujours contrarié les » démarches et les opinions de la municipalité ». Il faut savoir qu'ils parurent violemment irrités de cette observation, dont ils rendirent plainte à l'Assemblée coloniale. Il faut savoir encore que ces deux particuliers ont été depuis ce jour, non-seulement les ennemis les plus déclarés de la municipalité, mais les plus acharnés à sa perte, et qu'on les a vus d'abord, l'un préparer, dit-on, à la Basse-Terre les projets d'arrêtés lancés contre le corps municipal de cette ville ; et l'autre, en qualité de commissaire de l'Assemblée coloniale, faire mettre à exécution ces mêmes arrêtés.

Mais comment avoient-ils eu communication de cet extrait des procès-verbaux de la municipalité, et qu'elle avoit envoyé par un de ses membres aux commissaires du roi ? Cette communication étoit le résultat d'un abus de confiance le plus insigne et le plus criminel. Cette pièce avoit été remise par ces commissaires à M. Béhague, pour l'exécution des mesures à prendre relativement au rétablissement de l'ordre. Tout porte donc à croire que c'est alors qu'il en a été fait différentes copies, puisqu'on a eu la malignité d'en remettre une au régiment même de la Guadeloupe, collationnée par M. Oconor, major de ce régiment, qui étoit, dans ce moment-là, à la suite de M. Béhague.

Quand l'Assemblée coloniale se trouvoit dirigée par les plus mortels ennemis de la municipalité de la Basse-Terre , il n'y a plus à s'étonner
d'en voir les officiers devenir particulièrement
l'objet des plus grandes persécutions , et des actes
arbitraires les plus atterrans. Bientôt il émane du
sein de cette Assemblée coloniale un second arrêté
qui mande à sa barre le greffier de cette municipalité , malade de fatigues et de chagrin : ce malheureux envoie un exoine , et meurt.

Alors l'Assemblée coloniale , poursuivant toujours ses projets de vengeance , nomme deux commissaires pour fouiller dans les archives de la municipalité de la Basse-Terre : ce sont précisément
deux autres ennemis cruels de cette ville , et les
plus intéressés par conséquent à cette expédition.
On les a vus présider successivement l'Assemblée
coloniale dans tous les arrêtés qu'elle a lancés
contre la municipalité ; et l'un de ces individus
est le propre neveu de M. Clùgny , gouverneur.
Ces deux commissaires sont même autorisés à em-
porter les pièces qu'ils jugeroient utiles en origi-
nal. Cette recherche se fait militairement ; ils se
font escorter du commandant des troupes de ligne ;
dans le même instant la maison commune est
investie de sous-officiers du régiment de la Guadeloupe. Le commissaires pressent despotique-
ment le compulsoire , sans vouloir donner le
temps de convoquer le conseil-général. Ce fut au
sein tumultueux du mouvement et de la confu-
sion , causés par une multitude d'étrangers , qu'on
procéda à une opération dont la régularité devoit
au moins être garantie par l'ordre , le calme et
l'exclusion de tout intrus.

Cependant les deux commissaires de l'Assemblée

coloniale , après s'être fait représenter l'ensemble des archives , ne se donnent pas la peine de les examiner en détail ; on voit qu'ils cherchent seulement les pièces qui leur ont été désignées. A mesure qu'ils les découvrent , ils ont l'air de les parcourir , mais ils les mettent en réserve. C'est ainsi qu'ils se sont emparés de plusieurs pièces originales , essentielles pour la justification de la municipalité , et parmi lesquelles il y a quatorze procès-verbaux relatifs aux troubles de la Basse-Terre , depuis le 12 jusqu'au 24 juillet 1791. Ces commissaires ne s'en tiennent pas à cette violente soustraction ; ils commettent une action plus indigne encore , celle d'une parole trahie aussi-tôt que donnée. On leur avoit remis confidentiellement quatre cahiers qu'ils avoient prié de leur laisser , sous le prétexte qu'ils vouloient les examiner plus à loisir. Ils avoient promis par écrit de restituer ces pièces à toute réquisition de la municipalité : hé bien , dès le lendemain ils déclarent qu'ils avoient envoyé ces quatre cahiers à l'Assemblée coloniale. Ce seul trait peint parfaitement l'ame et l'esprit de pareils hommes. Ce compulsoire dure deux jours , quoiqu'il fût consommé dès la première séance. La municipalité fit réservé , dans le procès-verbal des commissaires , de tous ses moyens et raisons , tant sur la forme que sur le fond de cet acte d'oppression et de tyrannie , dont l'objet étoit évidemment de supprimer les preuves acquises contre les instigateurs des troubles , et les agens des vexations qui avoient désolé la Basse-Terre : car cette vérité n'est-elle pas démontrée , lorsque ces preuves et les pièces originales de conviction sont en effet disparues ?

Peu de jours après ce compulsoire , le maire de

la ville de Basse Terre remit à la municipalité un cahier contenant la copie de trois pièces qui étoient le résultat de la violation de ses archives , et autant d'actes de vengeance fabriqués contre elle dans les ténèbres. Une de ces pièces étoit une adresse du régiment de la Guadeloupe aux membres de la fédération inconstitutionnelle , portant *plainte contre la municipalité.* Une autre de ces pièces étoit une plainte adressée à l'Assemblée coloniale par les fédérés , encore contre la municipalité de la Basse-Terre. Le corps municipal , après avoir entendu la lecture de ces deux dernières pièces , et justement indigné du tissu de mensonges et d'injures qu'elles renfermoient , prend un arrêté par lequel elle proteste contre les auteurs de ce monument de diffamation , en se réservant de les poursuivre devant tels tribunaux qu'il appartiendroit.

Cependant les fédérés , dont la minorité gênoit trop l'ambition , essaient de la faire disparoître , en déterminant l'Assemblée coloniale à rendre un décret par lequel cette Assemblée accorde aux militaires le droit de voter dans le lieu de leur garnison ; mais cette infraction aux principes n'ayant pas réussi aux intriguans autant qu'ils l'avoient espéré , alors , par des voies-de séduction ou de terreur , ils arrachent aux citoyens , dont le peuple venoit de faire choix, leur démission , et ils soutiennent que les individus , leurs créatures , qui , après ces rénonciateurs , avoient réuni le plus de voix , devoient les remplacer. Cette prétention, quoiqu'absolument inconstitutionnelle , n'en est pas moins consacrée par un arrêté de l'assemblée coloniale ; et les paroisses de la Basse-Terre ayant protesté deux fois de suite contre cet

arrêté, l'assemblée coloniale a successivement prononcé la radiation des deux délibérations de ces
paroisses. C'est ainsi que vainement la volonté du
peuple doit être la loi suprême : des hommes qui
se sont depuis trop long-temps placés au-dessus
de toutes les lois, savent encore moins respecter
le souverain passif qui leur a conféré le pouvoir
dont ils abusent.

Mais voulant sans doute donner ou une appa-
rence plus légitime, ou plus de consistance à la
fédération d'abord partielle des factieux de la
Basse-Terre, l'Assemblée coloniale la convertit
en fédération générale. Un premier arrêté relatif
à cet objet est envoyé officiellement par le gouverneur à la municipalité. Ne trouvant dans cet
arrêté qu'une convocation extraordinaire des paroisses, afin de nommer des commissaires chargés
d'aller à la Pointe-à-Pitre célébrer cette fédération,
la municipalité fit publier cette arrêté sans aucune
restriction. Cependant un second arrêté, que reçut
bientôt après cette municipalité, l'ayant avertie que
cette association portoit atteinte aux principes de la
constitution, en investissant les coalisés des attri-
butions réservées aux seules municipalités, en
subordonnant même les corps administratifs à la
volonté arbitraire de la fédération projetée, alors
la municipalité, instituée pour surveiller le maintien des maximes constitutionnelles, n'hésita pas
de remplir ce devoir impérieux, en faisant, contre ce second arrêté, des réserves et protestations
de ses droits : elle eut néanmoins la prudence de
les tenir secrètes, pour ne pas reveiller de nouveaux troubles.

Enfin, pendant qu'on célébroit à la Pointe-à-
Pitre cette perfide alliance, un événement affreux,

qui souilla cette fête, servit à démontrer dans quel esprit cette ligue avoit été formée. La compagnie des grenadiers du second bataillon du quatorzième régiment d'infanterie, ci-devant Forez, étoit en garnison dans la même ville. Ces braves militaires, animés comme leurs camarades de France, du plus ardent patriotisme, s'étoient persuadés que toute fédération de Français devoit être la répétition de celle mémorable du 14 juillet. Comme marque de leur civisme et de leur participation à la joie publique, ces grenadiers arborent le drapeau tricolor. Cet emblême de la constitution indigne les fédérés, qui prennent vainement des mesures inconsidérées pour le faire amener. Après dîner une troupe nombreuse de ces contre-révolutionnaires, ayant à sa tête plusieurs membres de l'assemblée coloniale, son président et le gouverneur de la Guadéloupe, court à la caserne où sont les grenadiers, sur lesquels elle fond à main armée. Plusieurs grenadiers sont blessés; on les désarme, on les charge de fers, puis on les jette dans les prisons de la ville; delà ils sont transférés au fort St.-Charles de la Basse - Terre, et constamment plongés dans des cachots jusqu'au moment où ils ont été embarqués pour France. Tristes victimes d'une oppression qui fait horreur, ils ont enfin touché les bords sacrés d'une terre, où l'amour de la liberté est une vertu que les tyrans qui en frémissent de rage, sont du moins forcés de respecter !

Après avoir frappé de si grands coups, et ayant à ses ordres une fédération qui formoit l'unique masse de la force publique, il ne restoit plus à l'Assemblée coloniale qu'à sacrifier une municipalité qui, constante dans ses principes, étoit la dernière entrave constitutionnelle dont il falloit se débarrasser. Tel fut aussi l'objet des trois nouveaux arrêtés, qui, dictés par l'injustice la plus révoltante et la vengeance la plus odieuse, ont dépouillé de tout, les membres de cette municipalité, les ont couverts d'infamie en attaquant leur honneur ; en un mot, les ont livrés à toute la rigueur d'une procédure criminelle, et d'autant plus redoutable qu'on sait qu'ils doivent trouver des ennemis dangereux dans chacun de leurs juges tant que les tribunaux de l'ancien régime subsisteront.

Le premier de ces arrêtés, après onze *considérans*, motivés par des inculpations non moins invraisemblables que calomnieuses, et sans qu'une seule ait été constatée, contient un jugement rendu par une assemblée qui n'a aucun des pouvoirs attribués exclusivement aux tribunaux, et par lequel *les membres de la municipalité de la Basse-Terre, et de son conseil-général*, sans qu'il y ait de forfaiture jugée, *sont déclarés incapables de pouvoir être élus à aucune place de fonctionnaire public, pendant l'espace de cinq années consécutives.* Le même arrêté porte qu'il y a lieu à accusation contre ces officiers municipaux, déjà jugés et condamnés ; en conséquence, il les renvoie au pouvoir judiciaire, afin que leur procès leur soit fait et parfait, *comme criminels de lèse-nation.* C'est le moment de rappeler que l'Assemblée coloniale, qui lance de pareils arrêtés, est celle qui s'étoit plus d'une fois reconnue officiellement *incompétente*, en se déclarant telle dans ses propres arrêtés, et qu'elle l'étoit encore, non-seulement pour prononcer des jugemens contre l'honneur et l'état des citoyens, et de citoyens revêtus d'autorités constituées , mais même pour procéder à tout acte d'administration , à cause du nombre incomplet de ses membres. Quelle est donc son audace ? ou plutôt quelle certitude de l'impunité ne faut-il pas avoir, pour oser enfreindre jusqu'à ce point toutes les formes et toutes les lois ?

Le second arrêté de l'assemblée coloniale nomme deux commissaires pour l'exécution du précédent ; et par le troisième, cette assemblée mettant le comble aux effets de sa haine implacable et de son despotisme, supprime et abolit le conseil général de la commune de la Basse-terre.

À cette nouvelle, le mécontentement, ou, pour mieux dire, l'indignation des citoyens commençoit à éclater de toutes parts. Mais les officiers municipaux, objets d'une proscription aussi inique que flétrissante, et à qui la ville de la Basse-terre devoit son salut, firent usage de l'ascendant que donne un semblable titre à la reconnoissance publique, pour faire rentrer par de sages invitations, ceux qui paroissoient disposés à ne plus garder aucune mesure, dans les bornes de la modération , de la patience et des lois. Néanmoins les paroisses de cette ville se hâtèrent de protester contre ces trois arrêtés. Elles ne voulurent même nommer de nouveaux officiers municipaux que par intérim.

De leur côté, les victimes de ces actes réitérés de la vengeance, ces officiers municipaux destitués si illégalement, forts du témoignage de leur conscience, après avoir fait également toutes les protestations de droit contre les trois arrêtés, se réservèrent en outre , par une déclaration formelle, la faculté de venir incessamment en France,

pour reclamer de l'Assemblée Nationale une justice qu'ils ne pouvoient se flatter d'obtenir devant des juges ligués avec la faction des contre-
révolutionnaires. Les membres de la municipalité
de la Basseterre, sacrifiés par les trois arrêtés
dont on vient de rendre compte, ne devoient plus
être occupés que du soin d'effacer l'empreinte de
cette cruelle flétrissure, et de se mettre à couvert
des rigueurs d'une procédure criminelle, et dont
l'irrégularité primitive faisoit prévoir les résultats
meurtriers. Ils se hâtèrent donc, afin de recueillir
toutes les pièces, toutes les preuves propres à
présenter une justification complette, d'adresser
une pétition aux commissaires du roi, pour les
prier de permettre, en vertu de leur attribution
relative, qu'il fût fait devant eux toute instruction nécessaire, et destinée à éclairer la religion
des législateurs français dans une cause si immédiatement liée aux intérêts de la mère patrie,
puisque le civisme s'y trouve frappé d'anathême,
et l'attachement aux principes de la métropole,
converti en crime de lèse-nation. Car, s'il pouvoit
être présumable que des fonctionnaires investis
d'une autorité constituée, et dépouillés néanmoins
de leur caractère par une assemblée incompétente,
ne fussent point accueillis par l'Assemblée nationale, dans cette hypothèse inadmissible, leur aban-
don ne serviroit-il pas à consommer définitivement
la contre-révolution trop avancée dans les isles du
Vent ? Ne seroit-ce pas sceller tacitement les pré-
tentions de cette coalition oppressive, qui ne con-
noît plus d'autre règle que sa volonté, ni d'autre loi
que celle que lui dicte son ambition ? Ne seroit-ce
pas consacrer l'indépendance des colonies, que
cette coalition a déjà préparée en prononçant une

scission avec la métropole par l'interdiction des ports de la Guadeloupe aux Français arrivant sans caution ? Ne seroit-ce pas enfin décider la ruine des principales villes de commerce , et par suite porter un coup terrible à toute la France ?

Les commissaires du roi compulsèrent donc les archives de la municipalité de la Basse-Terre, et se firent délivrer les pièces qu'ils crurent sans doute nécessaires à leur rapport.

Dès cette époque les commissaires du roi avoient été divisés par l'intrigue et par la cabale des chefs de la contre-révolution. M. Béhagué s'étoit rangé du parti de M. de Clugny , de l'Assemblée coloniale , et de la faction de planteurs ; ainsi la défection de cet officier général avoit achevé d'assurer la force publique à cette funeste coalition : c'est-à-dire , que ceux des commissaires du roi qui ne voulurent point abjurer les principes de la constitution , n'ayant plus que la loi à opposer à la toute-puissance des malveillans , virent constamment son empire méconnu , et l'autorité que la Nation leur avoit conférée, sans effet.

C'est en vain que ces commissaires firent une proclamation par laquelle ils déclaroient toutes les fédérations particulières nulles , comme étant contraires aux maximes constitutionnelles de la France. Cette association illégitime n'en a pas moins été conservée. Vainement aussi avoient-ils , de leur propre mouvement , déclaré irrégulier et illégal l'arrêté de l'assemblée coloniale contre les officiers municipaux de la Basse-Terre, le jugeant contraire aux droits assurés par la constitution aux citoyens , et excédant même les limites d'un pouvoir que n'auroient pas la législature et le roi réunis. Ces proclamations, fondées sur les principes , n'ont servi néanmoins qu'à prouver à ces commissaires que la loi étoit sans force dans les colonies, et que la faction des contre-révolutionnaires y triomphoit entièrement. Ils ont bientôt reconnu que pour ne pas compromettre davantage la constitution aux yeux du peuple, étonné et consterné, le parti le plus sage qu'il y eût à prendre étoit de donner leur démission, afin de revenir en France dénoncer à l'Assemblée-nationale, la coupable audace des ennemis de la mère-patrie et de ses principes. Les momens pressoient, et ils se sont hâtés d'arriver pour apprendre à la métropole qu'il faut sans délai se mettre en mesure pour déjouer le complot d'indépendance en partie effectué, et pour soustraire les isles du Vent à l'oppression et aux attentats de l'égoïsme, de l'ambition et de l'orgueil.

Enfin, les officiers municipaux de la Basse-Terre, si arbitrairement et si indignement destitués, après avoir réuni toutes les pièces à l'appui des faits qu'on vient de tracer, ont député un de leurs collègues, M. Dupuch, pour faire entendre leurs réclamations à l'Assemblée-nationale. Les citoyens des paroisses de la même ville, pareillement indignés d'une persécution si révoltante et si attentatoire à leurs propres droits, ont aussi donné des pouvoirs aux mêmes délégués pour implorer la justice des représentans de la nation contre une proscription qui a frappé jusqu'aux autorités constituées, et contre les raditions tyranniques de leurs délibérations qui, en couvrant leurs opinions d'infamie, répand l'opprobre sur la constitution. A quels excès, à quels attentats, ne doivent-ils pas se porter désormais les auteurs de tant de vexations, et d'actes si hardis d'un despotisme fondé sur la puissance d'un pouvoir administratif, coalisé avec la force des baïonnettes? Comment ne pas frémir à chaque page de ce récit de l'état affreux des colonies ! Qui se rappellera sans douleur et sans effroi que dans ce moment le citoyen patriote est entièrement livré à la fureur de ses tyrans, depuis que les troupes de ligne ont été renvoyées en France ? Quelle résistance peut-il opposer, lorsque par-tout les colons ont été divisés entre eux par l'intrigue, afin que leur discorde les rendît plus foibles ; lorsque les gens de couleur, égarés, regardent les vrais amis de la constitution comme leurs antagonistes ; lorsque les noirs sont armés et soulevés ; lorsque la liberté des suffrages n'a plus lieu, et que l'ordre des élections est interverti ; lorsque des villes ont déja été soumises et traitées en pays de conquête ; en un mot, lorsque la seule force armée qui existe, celle des fédérés, est aux ordres absolus des chefs de la coalition, et achève d'extirper le civisme par la violence et par la terreur ?

Voilà pourtant, ô Français ! le tableau déchirant que présentent vos colonies ! mais songez qu'elles sont habitées par vos compatriotes, par vos parens, par vos frères ; songez que ces infortunés, placés ainsi sous le couteau de l'aristocratie, n'ont plus que vous pour les secourir ; ils gémissent dans les fers de l'oppression, tandis que la coalition qui les tyranise a poussé l'imprudence jusqu'à vous traiter vous-mêmes en étrangers, en ennemis. La gloire et l'intérêt de la nation sont donc compromis, comme la félicité publique, dans les colonies ; l'humanité y gémit, la justice et vos loix y sont méprisées ; mais que la nation parle, qu'elle commande, et cette série de calamités va s'effacer pour jamais ; l'intrigue et l'ambition rentreront aussitôt dans la poussière et le néant ; et le patriotisme renaissant avec extension et vigueur purifiera, dans peu, cette terre, aujourd'hui désolée, de tout esprit pervers, d'égoïsme et de cupidité, première source de corruption des gouvernemens, et cause principale des plus grands malheurs qui affligent les sociétés politiques.

DUPUCH, *député de la Basse-Terre-Guadeloupe.*

DE L'IMPRIMERIE NATIONALE.